저자 소개

글쓴이 최영희

최영희 선생님은 시골에서 태어나, 귀신이랑 염소랑 외계인이랑 만날 뛰놀며 자랐어요. 커서는 어린이 책 작가가 됐지요. 《어린이와 문학》이란 잡지에서 이야기 잘 썼다고 칭찬받고, 제11회 푸른문학상도 받았어요. 『조신선은 쌩쌩 달려가』, 『똥통에 살으리랏다』, 『만날 보면서도 몰랐던 거울 이야기』, 『닥터 홀의 씽크홀 연구소』를 썼고, 요즘은 그림책 쓰는 데 폭 빠져 있어요. 어린이들 이메일 받는 주소는 versdieu@hanmail.net이에요.

그린이 곽은숙

곽은숙 선생님은 덕성여자대학교 서양화과를 졸업하고 세종대학교 대학원에서 멀티미디어 애니메이션을 전공했습니다. 《나혜석괴담》, 《심청의일기》 등 단편애니메이션을 연출했으며, 실험적인 시각영상을 탐구하고 있는 중입니다. 그린 책으로는 『우리 언니 해 줄래?』, 『나는 마녀가 될 거야!』, 『삼국지구비동화 시리즈』, 『어린이문화유산답사기3』이 있습니다.

창의력을 길러주는 머스트비 역사 인물 그림책

《조신선은 쌩쌩 달려가》| 최영희 글, 유영주 그림
《초희가 썼어》| 최영희 글, 곽은숙 그림
《음치 평숙이, 소리꾼 되다》| 강경아 글, 유영주 그림
《박제가는 똥도 궁리해》| 신현경 글, 박연경 그림
《쩌렁쩌렁 박자청, 경회루를 세우다》| 허윤 글, 김주경 그림
《변상벽, 말은 더듬지만 그림은 완벽해》| 최형미 글, 이창민 그림
《장영실, 하늘이 낸 수수께끼를 푼 소년》| 박혜숙 글, 이지연 그림
《정약전과 정약용》| 홍기운 글, 정주현 그림
《총명한 이씨 부인은 적고 또 적어》| 양연주 글, 정주현 그림
《떴다 떴다 비거, 날아라 정평구》| 안영은 글, 안선형 그림

초희가 썼어

초판 1쇄 발행 2013년 7월 15일 | 초판 3쇄 발행 2015년 6월 12일

글쓴이 최영희
그린이 곽은숙
펴낸이 박진영
편집 김윤정
디자인 su:
마케팅 이진경
제작 이진영
펴낸곳 머스트비
등록 2012년 9월 6일 제396-2012-000154호
주소 경기 고양시 일산동구 백마로 223 현대에뜨레보 325호
전화 031-902-0091 | 팩스 031-902-0920 | 이메일 mustb0091@naver.com
블로그 http://blog.naver.com/mustb0091

잘못된 책은 구입하신 곳에서 바꿔드립니다.
책값은 뒤표지에 있습니다.

ISBN 978-89-98433-12-3 73810

ⓒ 2013 글 최영희, 그림 곽은숙

이 도서의 국립중앙도서관 출판시도서목록(CIP)은 서지정보유통지원시스템 홈페이지(http://seoji.nl.go.kr)와 국가자료공동목록시스템(http://www.nl.go.kr/kolisnet)에서 이용하실 수 있습니다.(CIP제어번호: CIP2013008510)

여덟 살 꼬마시인 허난설헌 이야기

초희가 썼어

최영희 글 · 곽은숙 그림

오늘따라 허 대감 댁 사랑채가 북적거려.
새로 짓는 서재의 상량식이 열리는 날이거든.
상량식은 건물에 대들보 올리는 일을 말해.
허봉 도령이 대들보에 붙일 글을 써.
초희는 아까부터 뚱한 얼굴로 오빠를 보고 있어.

"나도 저기다가 글 쓰고 싶어요."
초희가 울먹이자 어머니가 타일러.
"상량문은 아무나 쓰는 게 아니야. 오빠는 어른이고 사내잖니."
"나도 멋지게 지을 수 있다고요."
"초희 너, 계속 고집 피울 거면 네 방에 가 있어."
초희는 야단만 맞고 탈래탈래 방으로 돌아왔어.

오늘따라 책도 재미없고, 소꿉장난도 따분하기만 해.
초희는 마당에 쪼그려 앉아,
꼼지락꼼지락 손끝으로 글자를 써.
대들보가 어쩌고, 떡이 어쩌고 써 내려가는데,
"으흠, 흠!"
웬 헛기침 소리가 들려.

커다란 새가 떡 하니 서 있어.
머리부터 꽁지깃까지 온통 금빛으로 빛나는 새야.
"저는 신선들의 탈것, 봉황입니다요.
허 씨 집안에 빼어난 시인이 있다던데, 그분은 어디 계십니까요?
달나라 신선들이 그분의 글을 보고자 하여, 모시러 왔습니다요."
"뭐? 빼어난 시인을 데리러 왔다고? 그것도 달나라로?"
초희는 놀라 되물었지.

'분명 시인을 찾는다고만 했지,
아버지나 오빠를 찾는다고는 안 했어.'
초희는 곰곰 생각 끝에 제 가슴팍을 두드려.
"나야, 내가 바로 그 시인이야."
봉황은 고개를 갸웃거려. 시인치고 너무 조그맣거든.
하지만 대들보가 어쩌고 써 놓은 걸 보니 시인 같기도 해.
"타십시오. 달나라로 모시겠습니다요."

봉황은 날개를 풀럭풀럭, 힘차게 날아올랐어.
"봉황아, 저기 좀 봐. 우리 집이야.
새로 짓는 서재도 보여. 그새 대들보를 올렸네.
서재가 다 지어지면, 나도 저기 가서 책 볼 거야."
초희가 신이 나서 소리쳐.

해를 등지고 너른 하늘을 가로질러, 마침내 달나라 궁전에 다다랐어.
쪽빛 옷을 입은 신선이 초희를 반겨.
"그대가 허 씨 댁 시인인가?"
"안녕하세요, 허…… 초희예요."
초희는 속으로 뜨끔하여 더듬더듬 인사했어.
"나는 이 궁전의 주인일세. 이리 와 주어 고맙네."

달나라 궁전은 담장부터 기와까지, 죄다 하얀 옥이야.
초희는 두리번거리며 궁전 주인을 따라갔어.
붉은 비단 천막에 신선들이 모여 있고,
그 너머로 짓다 만 정자가 보여.
"백옥루일세. 오늘 백옥루에 대들보를 올리고자 하니,
그대가 상량문을 지어 주었으면 좋겠네."

"상량문이라고요?"
초희는 가슴이 콩콩 뛰었어.
자신을 시인이라 속인 것도 잊고, 여기가 달나라란 것도 잊었어.
초희의 머릿속엔 벌써 글자들이 떠다녀.
아까 마당에 쓰다 만 이야기에, 신선 나라 이야기가 보태졌지.
궁전 주인이 초희에게 붓과 종이를 가져다주었어.

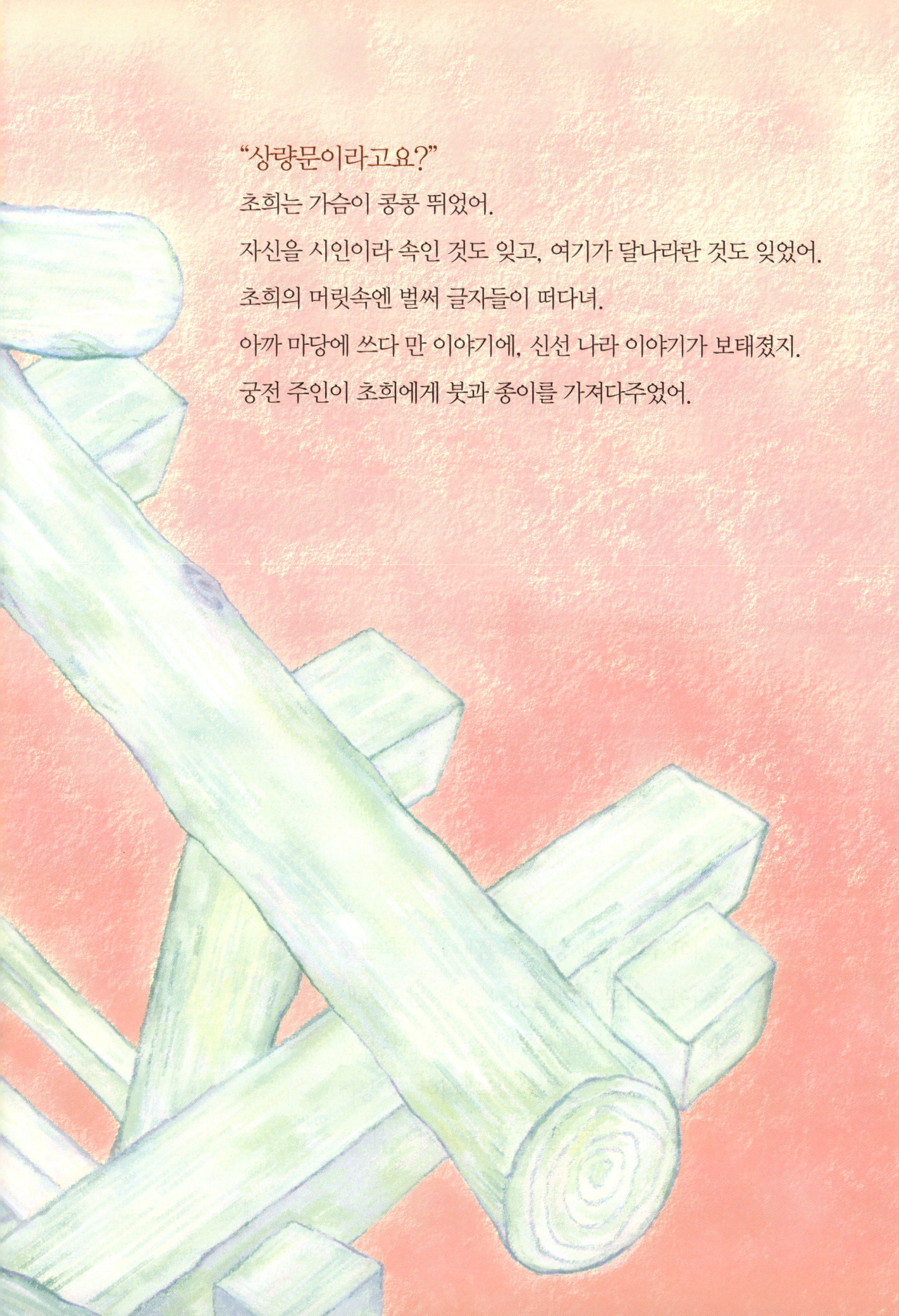

"시인이 생각보다 많이 어리네요. 작은 꼬마예요."
"허 씨 집안 사내인 줄 알았는데, 여자아이였네요."
"붓을 쥔 손도 조그맣고, 글자도 삐뚤빼뚤 어린애 글자예요."
신선들이 귀엣말을 주고받아.
초희는 거침없이 써 내려갔어.
머릿속에 떠다니던 글자들이 이야기가 되어 붓끝으로 흘러나와.

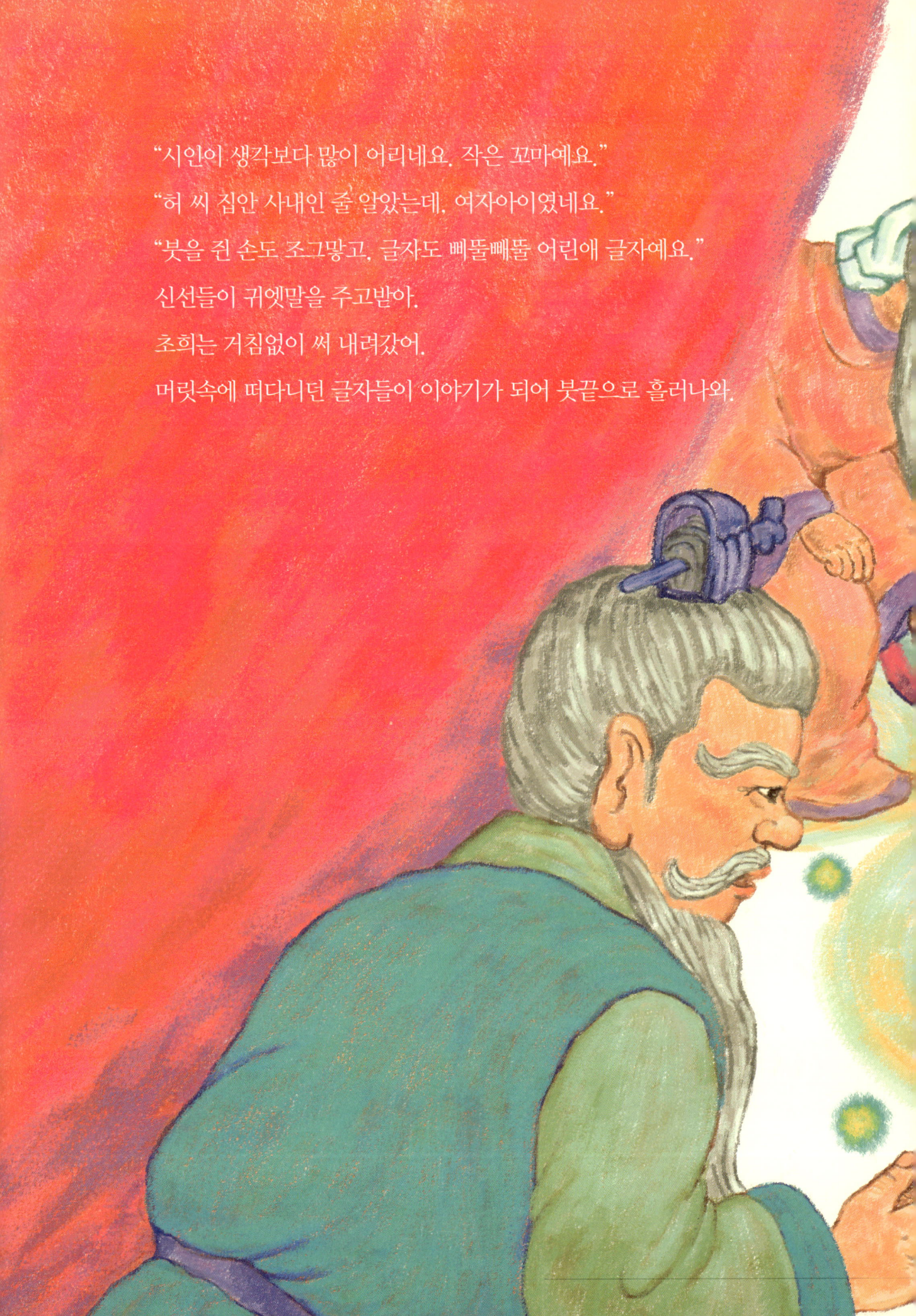

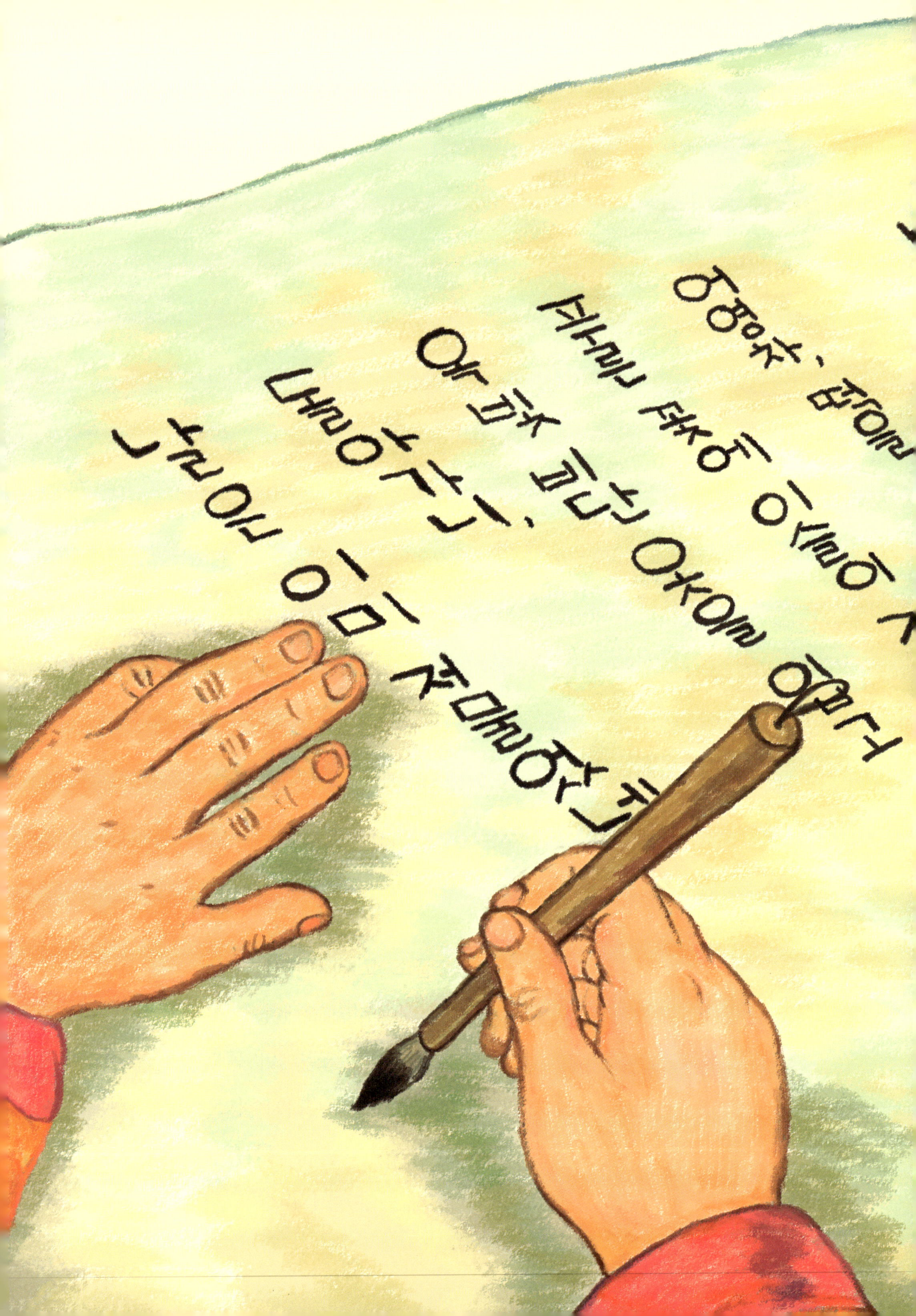

플러디 공주에게

안녕 친구. 플러디 공주야 내가 방학이라 집에 가고 싶어. 왜냐하면 내가 사고 싶은 것이 있어. 집에 가고 싶어.

상량문을 다 지은 후, 초희는 가만히 붓을 내려놓았어.
대들보의 동, 서, 남, 북, 위, 아래, 여섯 방향을 두루 축복하는 글이야.
"참으로 기발하고 풋풋한 상량문일세."
궁전 주인이 초희의 어깨를 두드려 주었어.
다른 신선들도 고개를 끄덕이며 웃어.

"상량문 끄트머리에 시인 허초희라 써 주게나.
백옥루에 걸어 두고, 오래도록 자랑하려네."
궁전 주인이 말해.
초희는 심장이 쿵! 내려앉았어.
그제야 제 거짓말이 떠올랐거든.
'어떡하지? 난 시인이 아닌데······.'

초희는 바르르 떨리는 손으로,
상량문 끝에다 '허초희'라 썼어.
"어찌 시인이라는 글자를 뺐는가?"
궁전 주인이 물어.
그예 초희는 울음을 터뜨리고 말아.
"으앙, 거짓말이었어요. 난 시인이 아니에요."

신선들이 웅성웅성, 궁전 주인이 놀라서 물어.
"시인이 아니면…… 그대는 누군가?"
"나는 허 대감 댁 딸이고, 허봉 도령의 누이동생이에요.
잘못했어요, 엉엉."

궁전 주인은 초희를 데려온 봉황을 불러들여.
"허 씨 댁 시인을 모셔오라 하였더니 어찌 그 댁 아이를 데려온 게냐?"
"저분이 마당에 시를 쓰고 계시기에 믿었습니다요."
봉황이 풀 죽은 소리로 대답했어.

궁전 주인이 초희에게 물어.
"어찌하여 우릴 속였는가?"
"나도 시를 짓고 싶었어요.
혼자 마당에 쓰고 지우는 거 말고,
딴 사람들도 읽어 주는 시 말이에요."
초희 얼굴은 눈물 콧물 범벅이야.
보다 못해 신선 하나가 나섰어.
"그만 나무랍시다. 이 아이는 누가 뭐래도 시인이오.
오늘 우리 앞에서, 이렇듯 상량문을 짓지 않았소?"

궁전 주인은 한참을 생각하다,
초희의 이름 곁에 '시인'이라 썼어.
"오늘부터 그대는 시인 허초희요."
궁전 주인은 상량문을 백옥루 대들보에 붙이고는 소리쳤어.
"이제 대들보를 올립시다."
신선들이 손뼉을 치며 상량식을 시작했어.
초희 얼굴에도 배시시 웃음이 번져.

잔치가 끝나자 초희는 다시 봉황에 올랐어.
하늘을 가로지르고 햇살을 따라 아래로, 아래로······.
"봉황아, 아까 속여서 미안해."
"아닙니다요. 시를 쓰는 분이시니 시인이 맞습니다요.
나중에 더 훌륭한 시인이 되시면 또 모시러 오겠습니다요."
봉황은 초희를 마당에 내려 주고 떠나갔어.

초희는 방으로 뛰어들어가 얼른 먹을 갈았어.
머릿속에 담아둔 상량문을 종이에 써 내려갔지.
오빠가 상량떡을 들고 온 줄도 모르고 말이야.
허봉 도령은 턱을 괸 채 누이의 글에 빠져들어.
"우리 초희가 시인이었구나."

초희가 궁금해

1. 초희가 누구야?

　초희는 조선시대의 유명한 시인 허난설헌으로, 난설헌은 초희 스스로 지은 '호'야. 허난설헌은 책과 글을 좋아하는 집안에서 태어났어. 허난설헌뿐 아니라 아버지 허엽, 오빠 허봉, 동생 허균까지 모두 글 잘 쓰기로 유명해. 허엽은 『초당집』, 허봉은 『하곡조천기』, 허난설헌은 『난설헌집』, 허균은 『홍길동전』을 남겼지. 허봉, 허난설헌, 허균 삼 남매는 나이 차가 많이 났어. 허봉이 스무 살이었을 때, 허난설헌은 여덟 살, 허균은 겨우 두 살이었지. 그래선지 허봉은 동생들을 남달리 아끼고 귀여워했어. 특히 허봉은 어린 동생들의 글재주를 키워 주었어. 좋은 시집을 구해다 주고, 동생들을 가르칠 글 선생님까지 직접 모셔올 정도였으니까. 오빠의 따뜻한 보살핌 속에서, 허난설헌은 맘껏 시를 지었지.

　하지만 허난설헌의 행복은 열다섯 살에 끝나고 말아. 허난설헌의 남편 김성립은 자기보다 아는 게 많고 시 잘 쓰는 아내를 질투하고 싫어했어. 조선시대에는 여자가 책을 읽고 시를 쓰면 손가락질을 받기 일쑤였어. 그래도 허난설헌은 딸과 아들을 키우고 시를 쓰며 견뎠어. 하지만 자식들이 병으로 세상을 떠나고, 오빠 허봉마저 세상을 떠났어. 슬픔을 견디다 못한 허난설헌도 쓰러지고 말았지. 병을 앓으면서 허난설헌은 이런 시를 남겼어.

　　아리따운 부용꽃 스물일곱 송이 붉게 떨어지니 서릿달이 차갑구나.

　부용꽃(연꽃) 스물일곱 송이가 떨어지듯, 허난설헌은 스물일곱 살에 하늘나라로 떠나갔어. 허난설헌이 죽은 뒤, 허균은 누나의 시들을 모아 『난설헌집』을 펴냈고, 덕분에 허난설헌의 시들은 오늘날까지 전해지게 되었지.

2. 《광한전백옥루상량문》은 어떤 내용이야?

초희는 여덟 살에 《광한전백옥루상량문》을 지어 가족 모두를 놀라게 했어. 이 글은 원래 한자로 쓴 한시이지만, 이 책에서는 어린이들을 위해 한글로 풀어놨어. 주인공이 광한전(신선들의 궁전) 백옥루의 상량식에 초대받아, 아름다운 상량문을 지어 주고 돌아온다는 내용이야. 꼬마 허난설헌은 자신이 신선들에게 초대받았다고 상상하면서 이 글을 썼던 거야. 조선시대 소녀들은 집을 자유롭게 드나들지 못했어. 그래서 허난설헌은 아쉬운 마음을 시로 달랬어. 《광한전백옥루상량문》 말고도 허난설헌의 시에는 신선들의 이야기가 자주 나와.

3. 진짜 초희가 썼어?

류성룡이라는 문장가는 허난설헌의 시를 두고서, 허균에게 이렇게 말했어.

"훌륭하다. 여인의 말이 아니로구나. 잘 정리하여 보물로 간직하고 (다른 이들에게) 반드시 전하도록 하여라."

허난설헌의 시들은 그만큼 뛰어났어. 하지만 바로 그 때문에 오해를 샀지. 사람들은 『난설헌집』을 두고 수군거렸어.

"분명 허균이 써놓고서 자기 누나가 썼다고 거짓말한 걸 거야."

조선의 양반들은 허난설헌의 천재성을 인정하기 싫었던 거야. 우리에게 타임머신이 있다면 당장에 그 시대로 날아가 이렇게 대꾸해 줄 텐데.

"아니야, 초희가 썼어. 초희가 쓴 시가 맞다니까." 하고 말이야.

처음에 『난설헌집』은 조선보다 중국과 일본에서 더 사랑받았어. 다행히 이제는 우리나라에도 허난설헌의 시를 사랑하는 사람들이 많아.

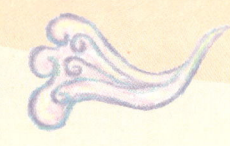

이야기가 궁금해

1. 상량식이 뭐야?

상량식은 새로 짓는 건물에 대들보를 올리는 일을 말해. 대들보는 건물 몸체와 지붕 사이에서 놓여서, 건물 전체를 떠받치는 역할을 해. 우리 조상들은 새로 짓는 건물에 대들보 올리는 날이면 상량식을 했어. 술과 떡, 돼지머리, 북어를 차려 놓고 지신(땅의 신)과 택신(집의 신)에게 고사를 지냈지. 그리고 새로 짓는 집에 복이 가득하길 비는 상량문을 썼어. 요즘도 중요한 건물을 지을 땐 꼭 상량식을 해. 지난 2012년 3월 8일에는 숭례문 상량식이 열렸어. 사고로 불타버린 숭례문의 뼈대를 다시 세우고, 대들보를 올리는 날을 기념하는 예식이었어.

2. 초희 엄마는 왜 초희에게 상량문을 못 쓰게 해?

초희는 글 욕심, 책 욕심이 많은 아이라 새로 짓는 서재도 궁금하고, 상량문도 써 보고 싶었던 거야. 하지만 상량문은 새로 짓는 건물의 주인이나 집안의 어른들이 주로 써. 초희의 오빠 허봉은 이미 스무 살을 넘긴 어른인데다, 새로 짓는 서재의 주인이기 때문에 상량문을 썼던 거야. 여덟 살 꼬마에게 상량문을 맡길 사람은 아마 없을 거야. 초희가 많이 속상하겠다고? 걱정하지 마. 초희는 백옥루의 상량문을 썼으니까.

3. 봉황과 신선은 정말 있어?

　봉황은 옛날이야기에 나오는 상상의 새야. 겉모습은 닭의 머리, 제비의 부리, 뱀의 목과 용의 몸, 기린(날개가 달리고, 뿔이 하나인 상상의 동물)의 날개와 물고기의 꼬리를 가졌다고 해. 하지만 그 많은 동물을 다 섞자면 얼마나 복잡하겠어? 그래서 옛날 사람들은 봉황을 날개와 꽁지깃이 화려한 새의 모습으로 그렸어.

　한편, 옛날 사람들은 세상 어딘가에 신선들이 사는 곳이 있다고 믿었어. 신선들은 늙지도 죽지도 않고 영원히 사는 사람들이야. 여러 가지 도술을 부리고, 학이나 봉황을 타고 날아다녀. 또 무시무시한 호랑이도 잘 다루고 말이야.

　초희는 어려서부터 신선들 이야기를 유난히 좋아했어. 초희가 쓴 시를 보면, 신선들 나라에선 여자도 시를 짓고, 벼슬도 하고, 학이나 봉황을 타고 훌훌 날아다녀. 그건 초희의 꿈이었는지도 몰라. 사내들처럼 맘껏 시를 쓰고, 벼슬을 하고, 세상을 두루 돌아다니고 싶은 꿈 말이야.

ⓒ김현희

▲ 상량문을 봉안하는 의식이에요.

▲ 상량식을 위해 축원하고 있어요.